TRIBUNAL DE COMMERCE
de la Seine

AUDIENCE SOLENNELLE D'INSTALLATION

25 Janvier 1893

4° Z Le Senne
2641

TRIBUNAL DE COMMERCE
de la Seine

SERVICE CENTRAL STATISTIQUE

26 janvier 1893

TRIBUNAL DE COMMERCE
de la Seine

AUDIENCE SOLENNELLE D'INSTALLATION

25 Janvier 1893

AUDIENCE SOLENNELLE D'INSTALLATION

DU

TRIBUNAL DE COMMERCE DE LA SEINE

25 Janvier 1893

E 25 janvier 1893, M. Siegfried, Ministre du Commerce, de l'Industrie et des Colonies, a honoré de sa présence l'audience solennelle d'installation du nouveau Tribunal de Commerce.

A une heure, M. le Ministre, auquel s'étaient joints M. Poubelle, Préfet de la Seine, et M. Delaunay-Belleville, Président de la Chambre de Commerce, a été reçu dans la Chambre du Conseil par M. Richemond, Président sortant, et par M. Dervillé, Président entrant, assistés des anciens Présidents du Tribunal, MM. Bessand, Deshayes et Guillotin.

M. Richemond a présenté tous les juges à M. le Ministre et lui a fait agréer une épreuve de la Médaille consulaire.

MM. les anciens Présidents du Tribunal ont ensuite conduit M. le Ministre, M. le Préfet, M. le Président de la Chambre de Commerce, aux places d'honneur qui leur avaient été réservées dans la salle d'audience ; autour d'eux, se sont rangés, en grand nombre, d'anciens magistrats consulaires et des membres de la Chambre de Commerce.

Dans l'assistance, se trouvaient : plusieurs anciens Présidents de la Compagnie des Agréés, le représentant du Conseil de l'Ordre des Avocats, le Président de la Chambre des Avoués près la Cour d'appel, le Président des Avoués du Tribunal civil, plusieurs Présidents de groupes syndicaux et de nombreuses notabilités commerciales et industrielles.

Le Tribunal étant alors entré dans la salle, M. le Président Richemond s'est adressé dans ces termes à M. le Ministre et à l'auditoire :

Messieurs,

Avant la reprise de l'audience, permettez-moi de remercier, en votre nom, M. le Ministre du Commerce et de l'Industrie, de la haute faveur qu'il fait au commerce parisien, en venant assister à l'installation de ses magistrats.

Monsieur le Ministre,

Dans la Chambre du Conseil, je viens de vous exprimer bien imparfaitement la profonde gratitude du Tribunal devant la flatteuse marque d'estime que vous lui donnez en visitant son Palais. Ici, je vous offre l'hommage chaleureux des sentiments de respect et de reconnaissance de tout l'auditoire.

Vous y voyez les représentants les plus autorisés du monde des affaires.

En venant vous asseoir un instant dans le prétoire des marchands, vous nous apportez un bien précieux témoignage du souci constant du gouvernement de la République pour tous les besoins de l'industrie nationale.

Le pays aspire au travail et à la paix sociale.

Ces deux biens essentiels à la vie et à la grandeur des peuples, vous en êtes le défenseur passionné. Nous le savons depuis longtemps, et nous sommes heureux de voir confiée au patriotisme de l'éminent Député du Havre, la garde des intérêts généraux du commerce de la France.

Et vous, Messieurs, qui êtes venus faire cortège à M. le Ministre, je vous remercie au nom du Tribunal; vous, Monsieur le Préfet, qui ne perdez pas une occasion de manifester votre attachement à vos administrés;

Vous, Monsieur le Président de la Chambre de Commerce, qui nous fournissez une nouvelle preuve de la sympathie d'une institution sœur de la nôtre;

Et vous, Messieurs les anciens Présidents du Tribunal, qui avez été et qui restez l'honneur de notre Compagnie.

Après cette allocution, M. le Président a déclaré l'audience solennelle ouverte. Suivant le cérémonial habituel, et lecture faite par M. le Greffier en chef du procès-verbal des élections, les magistrats nouvellement élus ont été introduits.

Le nouveau Président, M. Dervillé, se présente à la barre, suivi de ses collègues, et après avoir déclaré qu'ils avaient prêté serment ce jour, devant la première Chambre de la Cour d'appel, il a demandé qu'il fût procédé à leur installation.

M. le Président Richemond a prié les nouveaux élus de prendre place aux fauteuils qui leur avaient été réservés au pied du Tribunal.

DISCOURS DE M. RICHEMOND

Messieurs et chers Collègues,

vant de procéder à l'installation des Juges nouvellement élus et de dire à ceux qui vont quitter leurs sièges les regrets du Tribunal, j'ai le devoir de vous soumettre la statistique de nos travaux pendant l'année 1892.

Affaires portées devant le Tribunal.

Nombre d'affaires restant à juger le 31 décembre 1891. .	1.573
Affaires introduites ou reprises en 1892	53.967
Total.	55.540
Le chiffre correspondant pour l'année 1891 était de. . . .	53.735
Différence.	1.805

ce qui accuse une nouvelle progression, accentuant celle qui s'était déjà manifestée en 1891.

La comparaison entre les deux exercices, au point de vue de la nature des décisions rendues, donne lieu au tableau suivant :

	1891	1892	En plus	En moins
Jugements rendus.	43.755	46.634	2.879	»
Jugements rendus par défaut	28.703	29.651	948	»
Jugements contradictoires	15.052	16.983	1.931	»
Jugements en premier ressort	11.338	12.272	934	»
Jugements en dernier ressort	32.417	34.362	1.945	»
Affaires conciliées	3.687	3.644	»	43
Affaires retirées	4.720	3.467	»	1.253

L'augmentation proportionnelle porte particulièrement sur les jugements contradictoires, en premier ressort, c'est-à-dire sur les affaires les plus importantes.

Délibérés.

Sur les 55,540 affaires portées à la barre du Tribunal en 1892, le Tribunal en a pris en délibéré. 14.181
Le chiffre correspondant était, en 1891, de. 13.364

Différence en plus 817

Sur les 14,181 affaires prises en délibéré, 9,930 ont été jugées, 3,644 ont été conciliées, 607, restant aux mains des juges le 31 décembre, ont reçu solution depuis cette époque.

Les différents rôles ne contenaient le 31 décembre que 1,188 affaires, c'est-à-dire à peine le contingent ordinaire d'un mois, et 120 affaires seulement remontaient à plus de deux mois.

Ces chiffres montrent la recrudescence de nos efforts pour assurer prompte justice, malgré l'augmentation des affaires.

Délibérés immédiats.

Les plaideurs continuent à ne pas user d'une disposition dont nous avions espéré meilleur résultat.

Il n'a été demandé que 140 délibérés immédiats, et 70 affaires seulement ont pu être conciliées sans frais.

Appels à la Cour.

Appels restant à juger le 31 décembre 1891 . . . . 1.111
Appels formés en 1892 . . . . 1.211

Total 2.322

Sur lesquels il y a eu :

Confirmations	687	affaires.
Infirmations totales ou partielles.	184	—
Radiations	310	—
Arrêts pendants	1.141	—
Total égal	2.322	affaires.

Il en ressort que près des trois quarts des jugements dont il est interjeté appel, sont complètement confirmés par la Cour.

Appels des Prud'hommes.

Il restait à juger le 31 décembre 1891.	19	appels.
Il en a été formé en 1892.	213	—
Total	232	appels.

Sur lesquels :

108 ont été suivis de confirmation ;
75 ont été suivis d'infirmation ;
27 ont été suivis de radiation ;
22 restent à juger.

232 Total égal.

Assistances judiciaires.

Affaires restant à juger le 31 décembre 1891.	10
Affaires introduites en 1892.	79
Total	89

Sur lesquelles :

43 ont été jugées contradictoirement ;
32 ont été jugées par défaut ;
5 ont été retirées ;
9 restent à juger.

89 Total égal.

Liquidations judiciaires.

Du 1er janvier au 31 décembre 1892, il a été déclaré 430 liquidations judiciaires, ci 430
Au 31 décembre 1891, il restait à régler 177 liquidations, ci   177

Total.   607
Les liquidations terminées pendant l'année s'élèvent à. . . .   425

Il reste en cours   182

Les 430 liquidations judiciaires déclarées se répartissent ainsi qu'il suit :

Alimentation	109
Habillement et toilette . . . . , ...	67
Industries de luxe	39
Transports et commissionnaires	33
Métaux	35
Bâtiment	30
Cuirs et peaux	15
Ameublement	30
Banquiers et agents d'affaires	9
Libraires et imprimeurs	10
Bois et charbons	8
Produits chimiques	19
Industries textiles	4
Céramique	6
Aubergistes et logeurs	16
Total	430

Dans le cours de cette année, 51 sociétés ont été déclarées en état de liquidation judiciaire, savoir :

10 sociétés de fait ;
41 sociétés régulières, dont 7 anonymes.

51 Total égal.

Les 425 liquidations judiciaires terminées pendant l'année qui vient de s'écouler ont pris fin, savoir :

Par concordat.	213
Par concordat à la suite d'abandon d'actif	37
Par rejet de concordat	40
Par conversion en faillite.	133
Par rapport de conversion de liquidation.	1
Par rapport de jugement déclaratif.	1
Total égal.	425

Les dividendes promis dans les liquidations judiciaires terminées par concordat pur et simple présentent les résultats suivants :

»	de	1 à 5	p. 100
1	de	5 à 10	—
12	de	10 à 20	—
55	de	20 à 30	—
38	de	30 à 40	—
39	de	40 à 50	—
27	de	50 à 60	—
8	de	60 à 70	—
5	de	70 à 80	—
»	de	80 à 90	—
»	de	90 à 100	—
28		100	—
213 Total.			

Les liquidations judiciaires terminées par concordat, par abandon d'actif, ont donné les résultats ci-après :

1	de	1 à 5	p. 100
6	de	5 à 10	—
10	de	10 à 20	—
10	de	20 à 30	—
4	de	30 à 40	—
»	de	40 à 50	—
31 *A reporter.*			

31 Report.
2 . . . . de 50 à 60 p. 100
» . . . . de 60 à 70 —
» . . . . de 70 à 80 —
» . . . . de 80 à 90 —
» . . . . de 90 à 100 —
1 . . . . 100 —
3 . . . . n'ont rien produit.
___
37 Total.

Les autres liquidations judiciaires terminées dans l'année, au nombre de 40, que le Tribunal, usant de la faculté inscrite dans l'article 19 de la loi du 4 mars 1889, avait maintenues après rejet des propositions de concordat, ont donné les dividendes ci-après :

4 . . . . de 1 à 5 p. 100
4 . . . . de 5 à 10 —
8 . . . . de 10 à 20 —
4 . . . . de 20 à 30 —
4 . . . . de 30 à 40 —
3 . . . . de 40 à 50 —
2 . . . . de 50 à 60 —
1 . . . . de 60 à 70 —
1 . . . . de 70 à 80 —
1 . . . . de 80 à 90 —
» . . . . de 90 à 100 —
2 . . . . 100 —
6 . . . . n'ont rien produit.
___
40 Total.

Les liquidations judiciaires en cours au 31 décembre 1892, ont donné lieu :

En première instance, à. . . . . 163 procès.
Devant la Cour, à. . . . . 24 —
Devant la Cour de cassation et le Conseil d'État, à. 3 —
                                    Total. . . . . 190 procès.

Sur lesquels il a été :

Gagné	103 procès.
Perdu	15 —
Il en reste à juger	72 —
Total égal	190 procès.

En dehors des procès, les liquidations judiciaires ont subi les causes de retard suivantes :

Ventes d'immeubles	18
Actif à terme ou à l'étranger	32
Production à des ordres ou contributions	6
Liquidations de successions	2
Séparations de biens	11
Instances correctionnelles ou criminelles	8

Les 182 liquidations judiciaires actuellement en cours, se décomposent ainsi :

16	sont ouvertes depuis	plus de 2 ans.
19	—	1 à 2 ans.
30	—	6 à 12 mois.
33	—	3 à 6 mois.
84	—	moins de 3 mois.
182	Total égal.	

Sur les 430 liquidations judiciaires déclarées en 1892, il y a 461 liquidés (en raison des associations).

Le relevé de leur origine et de leurs antécédents, donne :

Nés dans le département de la Seine	130
Nés dans les autres départements	254
Nés en pays étrangers ou d'origine et antécédents inconnus	77
Total	461

Sur les 130 liquidés nés dans le département de la Seine, les casiers judiciaires indiquent :

Ayant subi des condamnations	27
Ayant été déclarés en faillite	6

Sur les 331 liquidés nés dans les départements ou en pays étrangers, il s'en trouve :

Ayant subi des condamnations 40
Ayant déjà été déclarés en faillite 7

Comptabilité des Liquidations judiciaires.

Le crédit général des liquidations en cours au 31 décembre 1892, s'élève à 12.153.950 05
se décomposant ainsi :

A la Caisse des consignations . . . 11.963.550 54
Effets à l'encaissement au Comptoir d'escompte 129.982 42
Effets en portefeuille 69.775 40   12.163.308 36
Excédent représentant les avances des liquidations judiciaires 9.358 31

Au 31 décembre 1891, il y avait en cours :
38 répartitions, ci 38
106 répartitions ont été ordonnancées pendant l'exercice actuel. 106
         Ensemble 144
Sur ce nombre, il en a été soldé 117
         En cours à ce jour 27

Les 109 répartitions ouvertes en 1891, se sont élevées à 5.022.475 63
Celles ouvertes en 1892, s'élèvent à 12.485.493 24
En plus sur l'exercice précédent 7.463.017 61

Le montant des sommes à la caisse, pour le compte des répartitions (somme à la disposition des créanciers), s'élève à 399.062 98

Les dividendes qui n'ont pas été retirés par les créanciers, dans les répartitions closes en 1892, se sont élevés à 27.894 99

Le montant des sommes à la Caisse des dépôts et consignations appartenant aux liquidations judiciaires, en y comprenant les 399,062 fr. 98 s'appliquant au compte des répartitions en cours, s'élève, au 31 décembre 1892, à 11.963.550 54

La loi sur les liquidations judiciaires est encore d'une application trop récente pour qu'il soit permis de se prononcer en pleine connaissance de cause sur l'ensemble de tous ses résultats et sur les modifications qu'il serait désirable d'y voir apporter. Toutefois, ce qui est certain, c'est qu'elle a été d'un grand secours à d'importantes sociétés tombées en état de cessation de paiement, en leur laissant conserver, au profit de leurs créanciers ou de leurs actionnaires, des droits dont la déclaration de faillite les eût dépossédées.

On peut en citer pour exemples : la Société des Métaux, la Société des Chemins de fer de Santa-Fé, le Crédit foncier colonial, etc.

Faillites.

Du 1er janvier au 31 décembre 1892, il a été déclaré 1,303 faillites, ci 1.303
133 liquidations judiciaires ont été converties en faillites, ci.   133
1 jugement de conversion de faillite en liquidation a été rapporté, ci.   1
47 concordats ont été résolus, ci   47
103 jugements de clôture pour insuffisance d'actif ont été rapportés, ci.   103
                      Ensemble 1.587
Au 31 décembre, il restait à régler 744 faillites.   744
                      Total 2.331
Les faillites terminées pendant l'année, s'élèvent à. 1.593
                      Il reste en cours.   738

Les 1,303 faillites ont été déclarées, savoir :
  428 sur dépôt de bilan ;
  687 sur assignation (dont 34 résolutions de concordats de liquidation) ;
  117 sur requête ;
   19 sur avis du parquet ;
    1 sur avis du juge de paix.
1.303 Total égal.

Ces faillites se répartissent ainsi qu'il suit :

Alimentation	501
Habillement et toilette	132
Luxe	91
Transports et commissionnaires	66
Métaux	83
Bâtiment	74
Cuirs et peaux	20
Ameublement	48
Banquiers et agents d'affaires	44
Libraires et imprimeurs	31
Bois et charbons	43
Produits chimiques	62
Industries textiles	6
Céramique	11
Aubergistes et logeurs	91
Total égal	1.303

Dans le cours de cette année, 90 sociétés ont été déclarées en état de faillite, savoir :

20 sociétés de fait ;
70 sociétés régulières, dont 9 anonymes.

90 Total égal.

Les 1,593 faillites terminées pendant l'année qui vient de s'écouler, ont pris fin, savoir :

Par concordat	155
Par concordat à la suite d'abandon d'actif	65
Par union	384
Par rapport de jugement déclaratif	35
Par clôture pour insuffisance d'actif	954
Total égal	1.593

Les dividendes promis dans les 155 faillites par concordat pur et simple présentent les résultats suivants :

»	de	5 à	10	p. 100
16	de	10 à	20	—
70	de	20 à	30	—
35	de	30 à	40	—
9	de	40 à	50	—
10	de	50 à	60	—
»	de	60 à	70	—
1	de	70 à	80	—
»	de	80 à	90	—
14			100	—

155 Total égal.

Les 65 faillites terminées par concordat par abandon d'actif ont donné les dividendes ci-après :

9	de	1 à	5	p. 100
15	de	5 à	10	—
16	de	10 à	20	—
7	de	20 à	30	—
5	de	30 à	40	—
»	de	40 à	50	—
2	de	50 à	60	—
1	de	60 à	70	—
3	de	70 à	80	—
1	de	80 à	90	—
2	de	90 à	100	—
2			100	—
2	n'ont rien produit.			

65 Total égal.

Les 384 faillites terminées par union ont donné les dividendes ci-après :

72	de	1 à	5	p. 100
67	de	5 à	10	—

139 *A reporter.*

139 *Report*.
72 . . . . de 10 à 20 p. 100
29 . . . . de 20 à 30 —
19 . . . . de 30 à 40 —
10 . . . . de 40 à 50 —
7 . . . . de 50 à 60 —
3 . . . . de 60 à 70 —
4 . . . . de 70 à 80 —
2 . . . . de 80 à 90 —
2 . . . . de 90 à 100 —
10 . . . . 100 —
87 . . . . n'ont rien produit.

384 Total égal.

Réhabilitations.

Dans l'année 1892 :

7 demandes en réhabilitation ont été formées.

5 réhabilitations prononcées par la Cour ont été lues à l'audience de ce Tribunal.

Les faillites, au 31 décembre 1892, ont donné lieu :

En première instance, à. . . . . 3.946 procès.
Devant la Cour, à. . . . . 404 —
Devant la Cour de cassation et le Conseil d'État, à. 43 —

                        Total. . . . . 4.393 procès.

Sur lesquels les Syndics ont :

Gagné 3.680
Perdu 299
Il en reste à juger 414

                   Total égal. . . . 4.393

En dehors des procès, les faillites ont subi les causes de retard suivantes :

Ventes d'immeubles.	190
Actifs à terme ou à l'étranger.	126
Productions à des ordres ou contributions.	55
Liquidations de successions.	54
Séparations de biens	41
Instructions correctionnelles ou criminelles.	98

Les 738 faillites actuellement en cours, se décomposent ainsi :

55	sont ouvertes depuis	plus de	5 ans.
15	—	—	4 à 5 ans.
33	—	—	3 à 4 ans.
47	—	—	2 à 3 ans.
73	—	—	1 à 2 ans.
136	—	—	6 à 12 mois.
128	—	—	3 à 6 mois.
251	—	—	moins de 3 mois.
738	Total égal.		

Pour les 1,303 faillites déclarées en 1892, il y a 1,536 faillis.
Le relevé de leur origine et de leurs antécédents donne :

Nés dans le département de la Seine	343
Nés dans les autres départements.	915
Nés en pays étrangers ou d'origine et antécédents inconnus.	278
Total	1.536

Sur les 343 faillis nés à Paris ou dans le département de la Seine, les casiers indiquent :

Ayant subi des condamnations.	114
Ayant déjà été déclarés en faillite.	80

Sur les 1,193 faillis nés dans les départements ou en pays étrangers, il s'en trouve :

Ayant subi des condamnations.	188
Ayant déjà été déclarés en faillite	109

Comptabilité des Faillites.

Le crédit général des faillites, au 31 décembre 1892,
s'élève à 19.481.162 70
se décomposant ainsi :

    A la Caisse des consignations. .   18.819.337 72
    Effets en portefeuille 36.119 15
    Effets remis à l'encaissement au
Comptoir d'escompte. 669.636 93   19.525.093 80

    Excédent représentant les avances des syndics. . .   43.931 10

Le montant des sommes à la Caisse pour le compte des répartitions (somme à la disposition des créanciers), s'élève à. . .   8.209.966 96

    Au 1er janvier 1891, il y avait en cours 146 répartitions, ci.   146
    Il en a été ordonnancé pendant l'année 1892   453

                      Total.   599
    Sur ce nombre, il en a été soldé   480

                     En cours à ce jour   119

    Les 569 répartitions ouvertes en 1891 s'élevaient à.   18.526.847 21
    Les 453 répartitions ouvertes en 1892 se sont élevées à. 20.536.160 20

            En plus sur l'exercice précédent. . .   2.009.312 99

Les dividendes non retirés par les créanciers dans les répartitions closes en 1892, s'élèvent à. 404.364 61

Le montant des sommes à la Caisse des dépôts et consignations appartenant aux faillites, en y comprenant les 8,209,966 fr. 96 s'appliquant au compte des répartitions, s'élève, au 31 décembre 1892, à.   27.029.304 68

Le rapprochement de cette statistique avec celle des exercices précédents démontre la nouvelle accélération imprimée à la marche des faillites.

Sociétés.

Du 1er janvier au 31 décembre 1892, il a été déposé au greffe :

1.195 actes de sociétés en nom collectif.
  514 —   — en commandite simple.
   17 —   — en commandite par actions.
  195 —   — anonymes, dont 19 à capital variable.

1.921 Total.

Il en avait été déposé en 1891 . . . . 1.931
Soit en moins pour le dernier exercice   10

                     Total égal. 1.921

Apports spéciaux.

	1891	1892
	FR. C.	FR. C.
Mois de Janvier	62.629.909 36	65.859.656 44
— Février	35.039.844 »	25.473.279 45
— Mars	52.736.776 07	27.866.898 90
— Avril	31.507.945 65	28.077.131 90
— Mai	44.779.857 85	22.377.897 20
— Juin	39.407.680 75	24.416.792 »
— Juillet	41.825.733 30	31.497.205 »
— Août	21.087.048 13	15.260.373 »
— Septembre	19.020.836 52	30.658.760 75
— Octobre	27.104.219 45	24.964.141 »
— Novembre	15.328.444 65	25.119.555 70
— Décembre	56.263.090 90	28.351.725 51
	446.731.386 63	349.923.416 85
Année 1892	349 923.416 85	
Soit en moins pour 1892	96.807.969 78	

Ces chiffres révèlent une sérieuse diminution dans l'importance des capitaux mis en société. Elle provient surtout de ce que les désastres financiers récents ont entravé la formation de nouvelles puissantes sociétés anonymes.

Qu'il me soit permis, à ce sujet, de réitérer ici, au nom du Tribunal, le vœu d'une prochaine revision de la loi sur les sociétés, et l'espoir que le Parlement, ne s'inspirant pas exclusivement de la jurisprudence née de l'effondrement d'entreprises hasardeuses, adoptera des formules simples, donnant juste mesure aux responsabilités et assurant aux créanciers à long terme des garanties et des indications qui leur manquent.

Dissolutions de Sociétés.

Nombre d'actes de dissolutions	1.070
Il en a été déposé en 1892	822
Soit en plus pour le dernier exercice.	248

Liquidations de Sociétés.

Nombre d'affaires aux mains des liquidateurs au 31 décembre 1891	255
Liquidations déclarées pendant l'année 1892, ou reprises par les liquidateurs	193
Total	448
Affaires terminées ou non suivies en 1892	255
Reste au 31 décembre 1892	193

Ce dernier chiffre se décompose ainsi :

Affaires se suivant	122
Affaires arrêtées par opposition ou appel	16
Affaires en liquidation judiciaire	2
Affaires en faillite	9
Affaires dont l'état liquidatif est déposé au greffe	44
Total égal	193

Le crédit des liquidations est :

En espèces, de 12.151.054 10

Se trouvant :

A la Caisse des dépôts et consignations 12.006.226 78
Dans les caisses tenues aux sièges des exploitations. 9.600 55
Aux mains des liquidateurs. . 135.226 77

Total égal 12.151.054 10

En effets de portefeuille, de 1.947.084 25

Se trouvant :

Déposés au Comptoir national d'escompte 1.946.795 95
Aux mains des liquidateurs. . 288 30

Total égal 1.947.084 25

Total du crédit des liquidations . . . 14.098.138 35

Statistique des Arbitrages.

Les renvois devant arbitres se sont élevés, en 1892, à. . 9.736
Le chiffre correspondant en 1891, était de 9.345

La différence. 391

est exactement proportionnelle à l'augmentation du chiffre général des affaires portées devant le Tribunal.

Le nombre des rapports déposés, qui était de 2,811 en 1891, a été, en 1892, de 2,796.

Le nombre des affaires conciliées a, au contraire, augmenté. Il a passé de 4,902 à 5,476.

L'augmentation a porté principalement sur le chiffre des affaires conciliées par les Chambres syndicales, qui ont à peu près regagné la proportion accusée l'an dernier au profit des arbitres salariés.

TABLEAU COMPARATIF DES ARBITRAGES

	NOMBRE TOTAL de RENVOIS		NOMBRE de RAPPORTS DÉPOSÉS		CONCILIATIONS		AFFAIRES DEMEURANT EN COURS à la fin de l'année.	
	1891	1892	1891	1892	1891	1892	1891	1892
Arbitres salariés.	6.260	6.558	1.987 Soit 32 %	2.052 Soit 31 %	3.455 Soit 55 %	3.747 Soit 57 %	818 Soit 13 %	759 Soit 12 %
Syndicats professionnels et arbitres négociants	3.085	3.178	824 Soit 27 %	744 Soit 23 %	1.447 Soit 47 %	1.729 Soit 55 %	814 Soit 26 %	705 Soit 22 %
Totaux. .	9.345	9.736	2.811	2.796	4.902	5.476	1.632	1.464

En terminant ce compte rendu, je me plais à rendre hommage à l'activité déployée par tous les auxiliaires du Tribunal, pour seconder l'œuvre des Magistrats : arbitres, syndics, liquidateurs, greffiers, tous à l'envi se sont efforcés de faire bien et de faire vite, et je ne sais lesquels d'entre eux je dois louer davantage.

Je les remercie tous de leur concours.

Messieurs et chers Collègues,

De nombreux changements s'imposent encore cette année, dans la composition du Tribunal.

Douze Magistrats à la fois vont, dans un instant, descendre de leurs sièges, obéissant ainsi, pour la plupart, au vœu de la loi, qui oblige le juge consulaire à interrompre ses fonctions après deux élections consécutives.

Inclinons-nous devant cette rigoureuse disposition de la loi, si pénibles que soient les séparations qu'elle nous inflige.

La mobilité de nos rangs, qui efface les personnalités sans leur laisser le temps de s'user, est un des gages de l'indépendance de notre Magistrature. Elle maintient dans notre Compagnie, l'ardeur et l'énergie, grâce auxquelles depuis plus de trois siècles, au travers de toutes les vicissitudes politiques et toutes les transformations sociales, notre institution, respectée par tous les régimes, a conservé aux commerçants la prérogative d'être jugés par leurs pairs. — L'inviolabilité de ce précieux privilège, qui remonte au Grand-Chancelier Michel de l'Hôpital, appelle cependant de grands ménagements dans les temps modernes.

Les électeurs consulaires, dont le collège s'est agrandi, ont l'impérieux devoir de s'appliquer dans leurs suffrages à élever de plus en plus l'autorité du Tribunal et à éviter qu'il s'affaiblisse par de trop rapides fluctuations.

J'ai déjà insisté à ce sujet, auprès d'eux, l'année dernière; qu'ils me permettent de le faire encore une fois.

Une parfaite union doit persister à régner entre les Chambres syndicales qui ont pris l'initiative du choix des candidats.

Notre recrutement ne saurait donner lieu aux luttes qui environnent les élections politiques. Chaque juge doit entrer ici acclamé, de manière que l'unanimité des suffrages soit la consécration de l'autorité indispensable à ceux qui ont la garde de l'honneur et de la fortune des justiciables.

Il faut aussi, et c'est mon vœu le plus cher, au moment de m'éloigner de cette Magistrature dont je connais si bien les ressources et les besoins, il faut aussi, dis-je, que chacun se pénètre de la nécessité de ne grossir nos rangs que d'hommes de valeur exceptionnelle.

A l'époque où les usages constituaient une partie de la législation, il y avait intérêt à ce que toutes les principales corporations fussent représentées dans notre Tribunal. Aujourd'hui, une même loi régit toutes les transactions commerciales : les usages spéciaux à chaque corps de métier ont disparu ; l'industrie a pris le premier rang dans les préoccupations du monde, elle a donné à la fortune mobilière un immense développement, et ce progrès social amène devant notre barre les causes les plus graves et les plus délicates.

Il ne suffit plus que le Magistrat consulaire sache trancher *ex æquo* et *bono* de menus différends entre marchands. Il est à tout instant saisi de questions touchant à l'intérêt général, qui demandent, pour être sainement appréciées, un sens juridique très développé et une connaissance intime de la législation et de la jurisprudence.

Aussi convient-il d'exiger de ceux qui briguent l'honneur de juger leurs concitoyens, une autorité morale rehaussée par de fortes études. C'est à cette condition que le Tribunal de Commerce de Paris restera au niveau du developpement que prend sa juridiction. Notre grande ville est une abondante pépinière d'hommes réunissant toutes les qualités voulues. Il restera facile d'y puiser en provoquant de bonne heure les candidatures et en les soumettant à un mûr examen, exempt de toutes considérations étrangères à la valeur personnelle des candidats.

Les pertes que va subir le Tribunal ne sont pas moins sensibles comme importance que comme nombre.

Trois présidents de section, MM. Hugot, Soufflot et Falco, arrivent au terme de leur double mandat, après huit années d'exercice, à l'époque de notre carrière où les difficultés vaincues laissent enfin l'esprit pleinement assoupli à nos labeurs.

M. Hugot va porter dans une autre enceinte son esprit de dévouement.

Il entre à la Chambre de Commerce, où l'étendue et la variété de ses connaissances lui assurent une place distinguée. Il nous laisse le souvenir d'un collègue d'une rare bonté et d'une conscience achevée, approfondissant toutes les questions, n'en laissant aucun détail inexploré et motivant ses sentences avec autant de fermeté que d'élégance.

M. Soufflot vient de présider, avec un éclat remarqué, l'une des laborieuses audiences du jeudi. Son assiduité, la sagacité et l'intelligence dont il a donné tant de preuves, font ardemment désirer son retour.

M. Falco était chargé de l'autre audience du jeudi. Nul n'a montré plus d'attachement à tous les devoirs du magistrat. Son esprit net et sa ponctualité, la solidité de son argumentation et son affabilité pleine de modestie nous font espérer que toute ces qualités ne sont que momentanément perdues pour le Tribunal.

MM. Jarry, Bernhard et Thiébaut, après nous avoir appartenu depuis 1887, se trouvent atteints par la loi avant d'avoir pu présider une section, mais leurs aptitudes ont été trop universellement appréciées pour n'être pas de nouveau mises à contribution.

M. Aucoc n'a épuisé qu'un mandat. La fatigue qu'il s'est imposée au service du Tribunal l'a engagé à prendre une année de repos. La sympathie générale, dont son aménité l'a rendu l'objet, la sûreté de ses relations, son intelligence déliée et son esprit de justice lui assuraient un brillant avenir qu'il retrouvera si, après une année d'interruption, il consent à reprendre la suite d'une carrière si bien commencée.

M. Hanoteau, après trois années de suppléance et deux années de judicature, et MM. Appert, Lœbnitz et Chabanne, après une année de suppléance, se trouvent rappelés par leurs affaires personnelles. Le Tribunal les voit partir avec de bien vifs regrets.

Les dernières élections ne ramènent à côté du magistrat d'élite auquel je vais céder la Présidence, qu'un seul ancien juge, M. Goy. Mais sa rentrée est saluée avec une véritable allégresse pour tous ceux qui vont retrouver en lui le collègue aimé et estimé entre tous, sur l'appui duquel chacun sait pouvoir compter, et chez qui les jeunes juges trouveront un guide sûr et dévoué.

MM. Godet et Dufrêne reçoivent, dans une seconde investiture, la juste récompense de leurs premiers efforts.

MM. Giraux, Mandar, Picou, Hatton, Masson, Fouinat, Guyot-Sionnest, Vaury et Coirre, passent de la suppléance à la judicature. Chacun d'eux en est absolument digne.

MM. Loiseau, Duruy, Michel, Dupont, Desmons et Gateclout ont été réélus suppléants.

Enfin MM. Huguet, d'Anthonay, Delarue, Maurel, Aubrun, Laurent, Thomas, Dupont, Bourgaux, Ecalle et Gaudermen viennent combler nos vides, en nous faisant espérer par leur passé qu'ils sauront largement s'associer au patrimoine commun de devoirs et de sacrifices dont notre Compagnie fait à la fois sa gloire et son bonheur.

Un pieux usage nous fait rappeler chaque année le nom des membres de la famille consulaire, enlevés par la mort au cours de l'exercice.

Nous avons été particulièrement éprouvés.

Au mois de février dernier, nous avons vu arracher du milieu même de nos rangs et en plein épanouissement de sa jeunesse, l'un de nos plus sympathiques collègues, M. Bouvelet, qui s'était rapidement acquis parmi nous une réelle autorité et auquel semblait sourire une belle carrière.

Quelques semaines plus tard, une mort soudaine frappait, au fond de l'Égypte, M. le Président Michau, qui occupait encore ce siège il y a quatre ans à peine. Il avait été pour nous un maître élevé entre tous. Il demeurera l'un de nos modèles les plus achevés. Ses restes, courageusement rapportés des confins du désert par sa vaillante compagne, ont été suivis au lieu du repos par tout le Tribunal affligé, dont M. Dervillé a fait entendre les derniers adieux. Sa mémoire restera dans nos cœurs.

Nous avons également perdu M. Audiffred, qui était notre doyen, M. Hachette, M. de Mourgues et M. Rousseau, éloignés de nous depuis plusieurs années, mais qui ont laissé derrière eux de bien vifs regrets à ceux dont ils ont partagé les travaux.

La vie du Tribunal est, comme celle des individus, mélangée de peines et de joies. Après avoir indiqué nos chagrins, je ne saurais oublier nos satisfactions.

M. le Garde des Sceaux a bien voulu nous faire le grand bonheur d'accorder la croix de la Légion d'honneur à deux de nos plus anciens et plus excellents collègues, M. Soufflot et M. Grosclaude.

Je lui exprime ici la reconnaissance du Tribunal.

La bienveillance de M. le Ministre du Commerce et de l'Industrie a récompensé par la même distinction chez M. Pinet, Président de la Compagnie des Syndics, les services exceptionnels qu'il a rendus à des intérêts d'un ordre supérieur en aidant au salut de l'Exposition de Moscou, un instant compromise par la fuite de celui qui en avait l'entreprise financière.

MESSIEURS LES AGRÉÉS,

Les liens de sympathie qui se nouent si étroitement au sein du Tribunal s'étendent au delà de la barre et entourent les rapports qui vous unissent aux Magistrats. Je continuerai dans mes souvenirs à vous associer à mes collègues.

Je vous remercie du concours que vous m'avez prêté. Jamais je n'y ai fait appel en vain.

Restez tels que je vous ai toujours connus, religieusement attachés à tous vos devoirs professionnels, scrupuleusement fidèles aux intérêts des justiciables.

J'ai plaisir à vous féliciter de la distinction si bien placée que M. le Ministre du Commerce et de l'Industrie, dans sa constante sollicitude pour tout ce qui touche à notre institution, a décernée il y a quelques jours à l'un de vos anciens présidents qui joint à l'esprit le plus droit et le plus fin toutes les grâces de la parole.

Monsieur le Greffier en chef,

Je vous suis reconnaissant de votre excellente collaboration. Elle m'a été d'un secours quotidien. Je ne saurais vous adresser assez d'éloges.

Je laisse enfin derrière moi une amitié sincère et discrète dont je ne me sépare pas sans un réel chagrin, dans la personne de M. Roy, l'infatigable et dévoué Secrétaire de la présidence, qui jamais ne ménage ni son temps ni ses forces pour le bien du Tribunal.

Monsieur le Président Dervillé,

J'ai gardé pour vous mes dernières paroles comme, à l'heure de se détacher des lieux où l'on a vécu longtemps, on réserve sa dernière étreinte pour la main du meilleur ami qu'on y laisse.

J'ai connu les joies les plus pures dans cette maison de l'honneur et du devoir. C'en est une encore de remettre en des mains telles que les vôtres le dépôt des traditions de justice léguées par mes prédécesseurs.

Les murs de Paris proclamaient, il y a quelques jours, votre droiture, votre fermeté et votre prudence. Ce sont les moindres de vos qualités. Pour les connaître toutes, il faut avoir éprouvé dans l'intimité, l'élévation et la délicatesse de vos sentiments, votre amour du bien et cet ensemble de dons séduisants qui, dans la vie de famille, vous font répandre le bonheur, et qui, dans la vie publique, vous attirent l'inaltérable amitié de tous ceux qui vous approchent.

Un long passé de savoir, d'expérience et de mérites vous a préparé à devenir, aux applaudissements de tous, le chef de notre grand Tribunal. Dès l'âge de vingt ans, vous saviez faire face à toutes les responsabilités du grand industriel, à toutes les préoccupations de l'homme fait.

Les questions les plus difficiles vous étaient familières quand plus tard vous avez abordé cette enceinte, et depuis treize ans que vous donnez ici à la chose publique la meilleure part de votre vie, vous avez brillamment creusé le laborieux sillon qui vous amène aujourd'hui, jeune encore, à la tête de notre Compagnie.

MES CHERS COLLÈGUES,

L'heure est venue de vous dire adieu.

C'en est fait des précieuses années que j'ai passées au milieu de vous.

Ma carrière consulaire est achevée. Il faut me séparer de ce Tribunal que j'ai tant aimé.

Je l'ai servi vingt-huit ans, fier des devoirs qu'il m'a imposés.

Je le quitte reconnaissant et pénétré des préceptes qu'il m'a dictés.

C'est avec une émotion profonde que je vais me dépouiller de cette robe qui m'était si chère et qui m'a tant honoré.

Je n'ai connu sous ces plis d'autre ambition que de gagner votre estime.

Puissé-je l'avoir méritée et emporter votre affection !

MONSIEUR LE PRÉSIDENT DU TRIBUNAL DE COMMERCE DE LA SEINE,

Veuillez prendre possession de ce fauteuil.

L'audience ayant été suspendue, M. le Président Richemond accompagné des magistrats sortants descend de son siège. M. le Président Dervillé monte au fauteuil entouré du nouveau Tribunal et prononce le discours suivant :

DISCOURS DE M. DERVILLÉ

Monsieur le Ministre,

A son tour, le nouveau Tribunal vous souhaite la bienvenue : qu'il me soit permis de vous faire les honneurs de notre Maison.

Monsieur le Ministre,

Messieurs,

L'INSTITUTION consulaire est née du besoin de donner au commerce une juridiction compétente, expéditive et peu coûteuse.

Il semble qu'en France, dès saint Louis, qui fit rédiger le registre des métiers de Paris pour *bâtir et finer les plez*, les marchands eurent des juges spéciaux, sur certaines places où les transactions se multipliaient davantage.

Michel de L'Hôpital fit signer au roi Charles IX l'édit qui réglementait ces traditions.

Pour la constitution nouvelle, 100 notables bourgeois, choisis et présidés par le prévôt des marchands et les échevins, nommèrent, au scrutin secret, un juge et quatre assesseurs ; ces derniers reçurent le nom de consuls. Les élus, « enquis fi, pour parvenir aux dits eftats de juges & confuls, ils « avoient donné ou promis, par eux ou par d'autres, or, argent ou autre « chofe équipolente... firent fermen d'adminiftrer la juftice tant aux pauvres « qu'aux riches & de fe garder de don corrompable ».

Cet édit, Messieurs, vous était rappelé naguère ; c'est la fondation même de votre Compagnie : l'image du Chancelier ne vous a point été retirée dans les vicissitudes de ce prétoire; et où donc eût-elle, en vérité, trouvé place meilleure qu'au milieu de ceux dont elle rappelle l'institution « *pour le bien public et l'abréviation des procès* » et qui, depuis trois siècles, sont restés fidèles à leurs origines et à leur mandat ?

Les fonctions des nouveaux magistrats étaient annuelles et gratuites. L'édit qui avait fixé les formes de la première élection déterminait que les suivantes devaient s'opérer à trois degrés. Tous les ans, vers la Chandeleur, le juge et ses assesseurs réunirent 60 notables de leur choix qui désignèrent 30 d'entre eux et ceux-ci élurent incontinent 5 nouveaux magistrats, dont les anciens reçurent le serment.

Pendant longtemps, les lieutenants civils, prévôts, baillis, sénéchaux et autres juges ordinaires, ne laissèrent point d'entraver de tout leur pouvoir la juridiction nouvelle, mais celle-ci, soutenue par les ordonnances royales et les arrêts de la Cour de Parlement, défendit opiniâtrement ses prérogatives et finit par écarter tout obstacle.

« A l'exemple de Paris, » disait Mézeray, « dix ou douze des meil-
« leures villes du royaume voulurent avoir une pareille juridiction & on *s'en*
« *trouva fort bien ;* en effet, f'il y en avoit dans toutes & que la fouve-
« raineté de leurs jugemens allast jufqu'à 1,000 écus, elle feroit fecher fur
« pied la chicane qui meurt d'envie de mettre la main fur un morceau fi
« gras qu'eft celuy du commerce. »

Louis XIV, à la demande de Colbert, rendit cette juridiction commune à tous les sièges du royaume, régla sa compétence et la forme de la procédure.

Vainement certains corps de marchands voulurent-ils s'assurer, par droit d'état, un siège dans le consulat ; « l'election, » dit une ordonnance royale de 1689, « doit fe faire à la pluralité des fuffrages, fans diftinction des
« particuliers marchands d'aucun corps ni communautez, mais par rapport
« aux feuls mérites des fujets les plus dignes.... »

Alors, comme aujourd'hui, les juges et consuls faisaient de leur juridiction une œuvre saine et bienfaisante ; je n'ai trouvé trace, dans les annales, d'aucune défaillance, et les rapports des marchands avec leurs pairs s'y révèlent empreints d'un caractère véritablement familial. Ces bons magistrats, soucieux de l'unité de vues et de doctrine, publièrent les édits, ordonnances, arrêts intéressant leur siège, et rédigèrent, en 1705, une instruction générale :

« Pour bien connoiftre, » disent-ils, « la juftice & l'équité d'une cause,
« les confuls doivent fçavoir que les grandes perfections des juges (après
« la prud'homie en eux néceffaire) eft d'estre fort attentifs à l'audience des
« causes ; &, pour eftre bien attentif, ne faut divertir fes penfées & fa
« memoire ailleurs, de quoy, neantmoins, peu de gens fe peuvent empecher.
« Il eft donc expedient que ceux qui font elus confuls laiffent tout autre
« foin, penfée & follicitude, quand ils fortent de leurs maifons pour aller
« en leur fiège de juridiction & c'eft pour cette confideration d'importance
« que l'on doit, en elifant les confuls, confiderer ceux qui font aifés &
« non incommodés d'affaires domeftiques ou autres dont le foin les pourroit
« plus facilement diftraire de penfer à leur charge & à leur devoir. De plus,
« les juges fe doivent rendre faciles à ouïr les parties, non feulement en
« particulier, mais en jugemen & neantmoins fe garder de faire paroiftre,
« par dits ni par geftes, aucune paffion ni opinion affectée. Ils doivent
« avoir & retenir un honnefte maintien, une modefte gravité & une decence
« en habits, afin d'honorer la magiftrature & fe rendre dignes du plus
« grand refpect.... »

En 1710 furent créées 20 nouvelles juridictions, ce qui portait à 60 le nombre des sièges consulaires en France.

A partir de 1728, les électeurs furent choisis par quantités égales dans chacun des corps de marchands ; le juge et les quatre consuls durent être de corps et commerce différents et deux consuls n'entrèrent plus en fonctions que six mois après leur élection. « Nous avons confideré, » dit l'ordonnance, que, « dans une juridiction dont les juges fe renouvellent toutes
« les années, il eftait neceffaire d'eftablir un ordre fixé qui (confervant
« toûjours une partie des juges actuellement en place avec ceux qui font
« choifis de nouveau pour remplir les mefmes fonctions) mift ces derniers
« en eftat de profiter des lumières & de l'experience des premiers, en forte
« que le mefme efprit & la mefme jurifprudence, fe perpetuant ainfi plus
« facilemen dans la juridiction confulaire, le public fuft encore plus affuré
« d'en recevoir toute l'utilité qu'il en doit attendre. »

Protégée par son origine élective et la volonté de ses justiciables, l'institution consulaire, seule de tous les établissements de commerce qui existaient alors, resta debout durant la Révolution.

L'Assemblée Constituante créa le mandat de deux ans ; elle appelait aux urnes tous les justiciables ayant, dans le ressort, cinq ans de résidence et de commerce.

Le Code de 1807 fit revivre l'Assemblée des notables, dont il confia le choix au Préfet, et comprit tous les actes de commerce dans la sphère de nos attributions : « Depuis lors, on ne demande plus aux individus, « pour leur indiquer le Tribunal qui doit les juger, ce qu'ils sont, mais « ce qu'ils font. »

1848 abandonna le vote à l'universalité des commerçants, mais, avec le rétablissement de l'Empire, on fit retour au régime de 1807.

Depuis 1871, les Notables furent choisis, non plus par le Préfet, mais par une Commission spéciale ; le nombre de ces électeurs devait être égal au dixième des commerçants patentés.

Enfin, le 8 décembre 1883, l'électorat fut donné à tous les patentés et domiciliés depuis cinq ans dans le ressort.

Le régime jusqu'alors en vigueur avait très haut placé la juridiction dans l'estime de tous. Le législateur n'attendait point de la loi nouvelle une meilleure justice ; il cédait à des raisons théoriques et n'en dissimula point l'aveu.

Le Tribunal de Commerce de la Seine n'avait pas appelé cette transformation ; certes, le principe de l'élection lui était cher, comme la meilleure garantie de son indépendance, c'est-à-dire de son impartialité.

Étendez l'électorat, disait-il ; qu'il soit mis en harmonie avec le développement des affaires, mais ne l'abandonnez pas sans conditions de savoir et de sagesse. Craignez qu'en cessant d'être une distinction aux méritants, le droit de vote ne soit bientôt dédaigné par l'insouciance des électeurs au détriment de notre prestige ! Craignez les suffrages inconscients, l'intrigue et les surprises de la place publique ! Le juge ne relève que de sa conscience, il ne peut prendre siège avec d'autre engagement que son serment de magistrat ; craignez l'abaissement du niveau judiciaire. Un collège de 40 à 50,000 électeurs est-il pour calmer nos appréhensions ?

Jusqu'ici, Messieurs, ces craintes ont été vaines et j'en fais honneur aux *Syndicats professionnels*.

La loi de 1791, qui abolit les corporations de métiers, disposait que les citoyens de même profession, lorsqu'ils se trouvaient ensemble, ne pouvaient se constituer un bureau, « prendre des délibérations et former « des règlements sur leurs prétendus intérêts communs ».

Mais tels sont ces intérêts communs, dont l'existence se trouvait ainsi méconnue, que beaucoup d'associations patronales se reformèrent dès le premier Empire.

Le Code civil les soumettait, au-dessus de vingt personnes, à l'agrément du pouvoir; elles reçurent, en 1868, une reconnaissance officieuse et on les laissa se fonder librement.

Leur faveur s'accrut depuis la troisième République; la loi de 1884 leur donna l'existence légale. Ainsi furent légitimées, sous certaines règles de forme, les associations de personnes exerçant des professions similaires ou connexes; elles ne peuvent avoir pour objet que l'étude et la défense des intérêts économiques, industriels, commerciaux et agricoles. Elles peuvent, pour le même objet, se concerter entre elles, être consultées sur les différends et les questions se rattachant à leur spécialité, agir en justice et posséder l'immeuble nécessaire à leur fonctionnement.

Les Syndicats industriels et commerciaux de patrons, dans le département de la Seine, sont actuellement au nombre de 325, ne comprenant pas moins de 54,000 membres.

Pour diminuer leurs frais généraux et se créer dans leur action un plus grand crédit, la plupart d'entre eux, sans perdre toutefois leur fonctionnement distinct, se sont rattachés en certains groupes, ayant un bureau et des services communs.

Organisés de la sorte, ils ne pouvaient se désintéresser du recrutement consulaire.

Depuis l'extension du collège, le Tribunal ne s'est plus ingéré dans le choix des candidats à la suppléance : un Comité, nommé par les Chambres syndicales, prépare et dirige les élections, et c'est justice de reconnaître qu'il l'a fait avec la plus scrupuleuse conscience. Ses recrues ne le cèdent en rien à celles d'autrefois et l'union s'est toujours établie sur des noms de la plus incontestable honorabilité.

Je rends donc légitime hommage à la façon élevée dont les Chambres syndicales ont jusqu'ici compris leur tâche : nous attendons d'elles, dans l'avenir, la même sauvegarde.

Qu'elles répudient, dans leurs moyens d'action, toute considération étrangère aux intérêts de la justice; que l'accès du Tribunal ne soit l'objet d'aucun vasselage, même en la forme; la dignité du juge répond de son impartialité. Qu'elles conservent entre elles des sentiments de concorde : la lutte est mère des passions, elle éloignerait de nous les plus sages. Qu'elles demeurent enfin respectueuses des présentations du Tribunal; lui seul est compétent appréciateur des capacités qu'il a mises à l'épreuve; cette intervention nécessaire n'altère pas l'indépendance de l'électeur, elle l'éclaire ; tout corps judiciaire doit avoir une communauté de conduite; il doit garantir, dans une juste mesure, la sécurité des situations acquises et le respect d'une hiérarchie rationnelle; son fonctionnement normal est à ce prix.

MES CHERS COLLÈGUES,

Il y a treize ans que, de l'aveu du Tribunal, les Chambres syndicales me prirent dans leurs rangs et me prêtèrent, pour la première fois, devant les électeurs, leur puissant patronage.

J'entrai dans le temple en néophyte qui ne connaît des saints mystères que la séduction de leurs cérémonies et le respect qu'elles inspirent.

Je fus accueilli, comme vous l'avez été tous, avec bonne grâce et franchise ; je trouvai, chez mes collègues, l'oubli de soi-même, une incessante et douce émulation dans la recherche du juste : le charme austère du travail en fait oublier la fatigue et quelles amitiés naissent de cette vie commune, où chacun met à nu son esprit et son cœur! Les anciens m'ont instruit avec une paternelle bienveillance, et quand ce fut mon tour de conduire les délibérations, je n'ai trouvé qu'affection et confiance.

Le temps s'écoulait comme passent les jours heureux, et c'est quand vous m'avez conduit au faîte que je m'aperçois du chemin gravi.

Le soir de novembre où, par une acclamation unanime qui fait encore vibrer toute mon âme, vous m'avez désigné pour votre président, au reflet des lampes, sur les murs de notre salle, j'aperçus tout à coup nos grandes figures consulaires; j'eus alors un moment d'angoisse, mais je me repris bientôt, mes chers Collègues : votre chef, quel qu'il soit, n'a pas le droit de douter. Je vous apporte la ferme volonté de maintenir dans notre Compagnie, les traditions de travail et d'indépendance qui ont fait sa gloire; j'y mettrai toutes mes forces, vous me donnerez les vôtres, et moi, qui connais ce qu'on peut en attendre, j'entre confiant et fier dans le chemin de nos devanciers.

Vos efforts deviendront plus laborieux encore que de coutume, car la loi ne nous est pas clémente et puise cruellement aujourd'hui dans nos forces vives; ce sera notre devoir et notre joie de rouvrir, l'année prochaine, les portes du Tribunal aux collègues dont vous avez entendu tout à l'heure le légitime éloge.

Nous retrouvons en M. Goy un juge excellemment doué pour le Consulat : sa modestie égale sa valeur.

Je vous souhaite la bienvenue, mes nouveaux Collègues.

Maîtres chez vous, notables dans votre industrie pour votre passé sans tache, votre valeur personnelle et votre situation pécuniaire, vous recommencez un dur noviciat, à l'heure où d'aucuns songent au repos, et vous vous soumettez librement à la discipline, à la hiérarchie traditionnelles.

Pendant des années vous sacrifierez la plus grande partie de votre temps, de vos gains, de vos plaisirs, bien souvent les joies de famille : vous savez que d'autres y ont perdu la santé !

Vous donnerez cet effort loin du bruit, des applaudissements de la foule; vous resterez sourds aux influences extérieures, d'où qu'elles viennent. Et ce sera votre orgueil, de n'attendre d'autre salaire que l'honneur même de votre tâche, le suffrage de votre conscience, l'estime et l'amitié de ceux qui se dévouent ici dans le même travail, la même indépendance et le même sacrifice.

Et, telle est l'attirance de ces fonctions consulaires, que notre cœur se brise en les résignant.

N'est-il pas vrai, Monsieur le Président ? Vous étiez bien ému tout à l'heure, et nous partagions la tristesse de vos adieux.

C'est que, depuis vingt-huit ans, vous apparteniez à notre Tribunal ; comme auxiliaire et comme magistrat, vous l'avez noblement servi.

Arbitre, vos rapports sont restés des modèles d'intelligence, de précision et de clarté ; Juge, nous ne savons que louer davantage de l'élévation de votre caractère, de la promptitude ou de la sûreté de votre conseil ; Président, vous étiez notre honneur : au dehors, votre habile et quotidienne intervention a sauvé les épaves de grands désastres ; vous avez bien mérité du crédit public et, j'ose le dire, de la dignité nationale. Au dedans, vous ajoutiez à la distinction de la forme, la bienveillance et la fermeté tout ensemble ; sous votre énergique impulsion, les organes de notre Tribunal concouraient avec une admirable précision au *bien public,* dont se réclamait notre fondateur, et, *pour l'abréviation des procès,* vous ne laissiez point de relâche aux nombreux collaborateurs de notre justice. Nos anciens avaient fait graver l'image de cette justice sur leurs jetons de juridiction avec l'exergue qui rend si bien votre constante préoccupation, Monsieur le Président : *Insuper alas addidimus* — nous lui avons donné des ailes.

Et par l'excellence même des hommes qui m'ont ici précédé, que vous avez vus à l'œuvre, vous n'attendez pas de moi, mes chers Collègues, le programme d'importantes réformes ; ils connaissaient comme nous les vœux des justiciables, ils se sont employés à leur faire raison ; ce que la trop courte durée de leurs fonctions ne leur a point permis d'achever, je le continuerai, et vous rechercherez avec moi ce que les circonstances, qui se meuvent sans cesse, pourront demander de mesures nouvelles dans l'administration de la justice ou de conseils pour le perfectionnement de nos lois.

Messieurs les Agréés,

Vous connaissez ma sympathie.

Nous vous désignons aux justiciables parce que vous avez la dignité de la personne, le savoir des affaires commerciales, la parole claire, concise et probe, la discipline et l'assiduité qui se prêtent à la prompte expédition des litiges : vous êtes de précieux auxiliaires pour notre justice. Mais l'accès de la barre n'en doit pas moins rester libre et facile à tous.

Je m'associe aux félicitations que votre ancien Président vient de recevoir ; il est un des maîtres de notre barreau, et, en cherchant à nous convaincre, il ne manque jamais de nous charmer.

Monsieur le Greffier,

J'ai toujours entendu louer votre zèle, le rapide et régulier fonctionnement de tous vos services, et je vous apporterai l'année prochaine les félicitations que votre dévouement a rendues traditionnelles.

Il me reste à remplir un devoir qui m'est bien cher : Mes Présidents, mes anciens maîtres, vous avez laissé dans ce palais de durables souvenirs et c'est le dépôt de vos traditions qui m'est aujourd'hui confié. Je vous remercie de m'avoir graduellement initié par des enseignements qui ont toujours pris la forme de l'affection. Recevez l'hommage de l'honneur qui m'est fait.

Pourquoi faut-il qu'en toute chose il y ait une tristesse et que nous ne puissions un instant nous complaire sans qu'une place vide autour de nous ne rappelle la brièveté du temps et la fragilité de nos espérances ? Permettez-moi, mes chers Présidents, de vous associer la mémoire d'un ami que je pleure, dans ce témoignage de mon respect et de ma reconnaissance.

Monsieur le Ministre,

Vous vous honorez d'avoir pratiqué le négoce ; vos concitoyens ont été de bonne heure vous y chercher pour vous confier le soin de leur chose commune et vous avez eu la garde de l'un des joyaux de notre commerce maritime : qui donc ignore la part que vous avez prise dans la transformation du Havre ?

Vous aimez le juste avec passion et, dans une heure difficile, la haute droiture du chef de l'État vous appelle au gouvernement du commerce pour des qualités qui répondent aux aspirations du pays inquiet.

Le Magistrat consulaire relève du département de la Justice, mais aussi du vôtre. Et il n'était point pour vous déplaire d'apporter un solennel témoignage de votre sollicitude à la Compagnie constituée gardienne de la probité des échanges et, tout ensemble, aux marchands de la grand'ville qui forment notre collège et dont l'activité, l'intelligence et la bonne foi sont choses depuis longtemps proverbiales.

Nous sentons le prix de l'honneur que vous nous faites; nos électeurs comprendront la haute et bienveillante pensée qui vous guide. Je vous apporte, au nom de tous, l'expression d'une profonde gratitude.

M. le Président Dervillé a déclaré l'audience solennelle levée.

M. le Ministre prend alors la parole en ces termes :

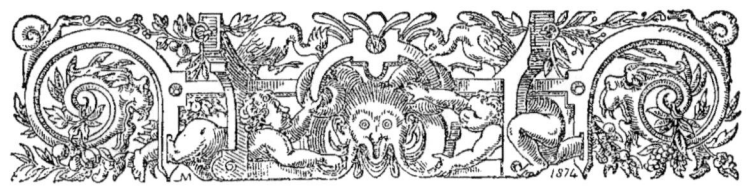

DISCOURS DE M. SIEGFRIED

Ministre du Commerce, de l'Industrie et des Colonies.

Messieurs,

E suis profondément ému des témoignages de sympathie que vous me prodiguez : j'en serais confus si je n'en reportais l'honneur sur le Gouvernement de la République que je représente ici et auquel vous avez voulu marquer votre reconnaissance pour la sollicitude dont il n'a cessé d'entourer l'institution des tribunaux consulaires.

Ce qui me frappe aujourd'hui, c'est moins la majesté de la justice que la solidarité étroite, l'union féconde des représentants de l'industrie et du commerce de la capitale.

Vous êtes accourus, nombreux, faire cortège à vos élus, doublant ainsi le prix de la marque d'estime que vous leur aviez donnée, en les constituant juges de vos différends. En venant saluer ceux qui partent, vous rendez un hommage mérité à leur sagacité et à leur amour du juste. En escortant ceux qui arrivent, vous les encouragez à marcher sur la trace de leurs aînés et à être les serviteurs résolus du Droit.

C'est ainsi, par une estime et une confiance réciproques entre juges et justiciables, que s'est établie dans notre pays une magistrature élective, dont le dévouement, la compétence et l'intégrité sont hautement proclamés partout.

Votre juridiction a été créée, disiez-vous, répétant la forte parole de Michel de l'Hôpital, « pour le bien public et l'abréviation des procès ».

Eh bien, l'espoir de l'illustre Chancelier s'est réalisé. Le prétoire des marchands est un sanctuaire respecté où l'on rend une justice impartiale, expéditive, peu coûteuse et où sont résolus, au mieux de l'intérêt général, les plus graves litiges.

Je n'en veux pour preuve que l'intéressante revue passée tout à l'heure par votre Président sortant. Quel plus bel éloge du Tribunal de Commerce de la Seine que cette instructive statistique !

Vos délibérations sont d'ailleurs éclairées par les savants exposés des agréés de votre Tribunal — que je me suis plu à récompenser récemment dans la personne du distingué Président de cette Compagnie.

Au surplus, qui pourrait s'étonner de voir ici une sélection d'hommes de haute moralité et de grande sagesse ? Ne sont-ils pas l'élite de ce monde du commerce et de l'industrie, arrivés à force de volonté, de courage et de persévérance et à qui une vie, toute de travail, a inculqué le goût du bien et le respect du devoir ?

Il y a longtemps que nos rivaux le savent et le reconnaissent, s'il est vrai qu'il n'y ait pas de peuple plus laborieux et plus économe que le nôtre, il est certain qu'aucune nation ne possède à un égal degré la probité commerciale, le respect des engagements.

Le commerce français est partout réputé pour sa loyauté, son honnêteté, et ce n'est pas seulement le bon goût de nos produits, l'excellence de leur qualité qui assurent leur succès, mais aussi la scrupuleuse conscience de nos fabricants, de nos marchands qui inspire toute confiance aux acheteurs.

Le commerce français serait peut-être le premier du monde si, aux mérites que je viens de signaler, il joignait plus d'initiative et une connaissance plus complète des pays étrangers. Nous y arriverons aussi, Messieurs, je n'en veux pour gage que ces écoles supérieures de commerce, que nous voyons s'établir depuis quelques années dans nos principaux centres commerciaux, et ces écoles professionnelles qui se fondent dans nos grandes villes industrielles. Leur enseignement remarquable nous prépare une pépinière de négociants capables et d'industriels compétents, qui sauront unir, chose rare, la théorie et la pratique.

Comment, sous l'influence de ces idées, les représentants de nos industries ne seraient-ils pas des magistrats distingués ? Mais une large part de la bonne renommée du Tribunal de commerce de la Seine revient à ses Présidents.

Celui qui assume aujourd'hui la lourde tâche de présider à vos travaux, sera, en tous points, digne de ses devanciers. Vous l'avez vu à l'œuvre déjà; la sûreté de son jugement, son intelligence, sa science profonde, vous sont connues.

Vous ne pouviez mettre à la tête de votre Compagnie un homme plus attaché à ses devoirs, plus digne de respect que M. Dervillé. Il dirigera vos débats avec fermeté, et il saura concilier avec la nécessité des solutions rapides les garanties dues aux justiciables.

Il succède à un président que j'éprouve un grand embarras à louer selon ses mérites. Mais, au lieu de faire de M. Richemond un éloge superflu, permettez-moi de me réjouir avec vous de sa belle carrière, toute d'activité, d'intelligence et de probité.

Il y a plus de trente ans, vous souvenez-vous, mon cher ami, que, dans notre vieille Alsace, nous échangions tous deux, pleins d'ardeur et d'enthousiasme, nos projets d'avenir, et, lorsque, revenant en arrière, j'admire le chemin que vous avez parcouru, cette belle parole d'Alfred de Vigny revient tout naturellement à ma mémoire : « Qu'est-ce qu'une belle « vie? Sinon une pensée de jeunesse réalisée par l'âge mûr. »

Vous comprendrez, n'est-il pas vrai, Messieurs, que j'éprouve aujourd'hui une véritable joie à apporter à votre Président, au moment où il vous quitte, et à l'ami de ma jeunesse, la plus haute distinction que le Gouvernement puisse lui offrir !

Sur la proposition du Garde des sceaux, Ministre de la justice, qui m'a prié de le remplacer dans cette circonstance, j'ai l'honneur de remettre à M. Richemond, au nom du Président de la République, la Croix de Commandeur de la Légion d'honneur.

M. le Ministre remet ses insignes au nouveau Commandeur et lui donne l'accolade au milieu des applaudissements de l'auditoire.

M. le Président Richemond, en quelques paroles émues, exprime sa reconnaissance.

M. le Président Dervillé, s'adressant à M. le Ministre, le prie de transmettre à M. le Président de la République et à M. le Garde des sceaux les sentiments de gratitude du Tribunal et de tout le commerce parisien, qui se trouve honoré dans la personne de son représentant le plus élevé.

La cérémonie terminée, M. le Ministre est rentré dans la Chambre du Conseil où, entouré de tout le Tribunal, il a reçu les hommages des notabilités commerciales qui assistaient à la séance.

COMPOSITION DU TRIBUNAL

ANNÉE 1892

PRÉSIDENT

M. RICHEMOND C. ✽ (Émile-Louis).

JUGES

MM. DERVILLÉ ✽ (Stéphane).
RAFFARD ✽ ✿ (Paul).
HUGOT ✽ (Victor).
SOUFFLOT ✽ ✿ (Paul-Justin).
FALCO ✽ (Alphonse-Camille-Théophile).
GROSCLAUDE ✽ ✿ (Jean-Baptiste).
DOUILLET (Émile).
LE TELLIER (Albert-Anne-François).
LEGRAND ✿ (Victor-François-Paul).
BRUNEL (Pierre-Paul-Balthazar).
JARRY (Frédéric-Joseph).
BERNHARD (Paul).
THIÉBAUT ✽ (Jules-Vincent).
AUCOC ✽ (Louis).
GODET (Jean-Jules-Eugène).
ALASSEUR (Amédée).
JEANSELME (Charles-Joseph-Henri).
HANOTEAU ✽ ✿ (Charles).
BOUVELET (Jean-Louis-Édouard).
DELALONDE (Émile-Léon).
DUFRÈNE (Armand-Alphonse).

JUGES SUPPLÉANTS

MM. GIRAUX (Henri-Joseph-Étienne-Mathurin).
MANDARD (Victor-Émile).
PICOU (Gustave-Olivier).
HATTON (Eugène).
MASSON (Georges-Ernest-Auguste).
FOUINAT ✻ (Charles).
GUYOT-SIONNEST (Étienne-Ernest).
VAURY (Charles-Adolphe).
COIRRE (Gaston-Prosper-Désiré).
LOISEAU (Pierre-Paul).
DURUY ✪ (Victor-Charles-Édouard).
MICHEL (Bernard-Louis).
DEZAUX (Prosper-Frédéric).
APPERT (Adrien-Antoine).
LŒBNITZ ✻ (Jules-Paul).
SOHIER ✻ (Georges-Edmond).
BUTTNER (Frédéric-Edmond).
DUPONT (Albert-Charles-Léon).
DESMONS (Guillaume-Alban-Hubert).
GATECLOUT (Henri-Léon).
CHABANNE (Camille).

COMPOSITION DU TRIBUNAL

ANNÉE 1893

PRÉSIDENT

M. DERVILLÉ ✻ (STÉPHANE).

JUGES

MM. RAFFARD ✻ ✪ (PAUL).
GOY ✻ (AMÉDÉE-FRANÇOIS).
GROSCLAUDE ✻ ✪ (JEAN-BAPTISTE).
DOUILLET (ÉMILE).
LE TELLIER (ALBERT-ANNE-FRANÇOIS).
LEGRAND ✪ (VICTOR-FRANÇOIS-PAUL).
BRUNEL (PIERRE-PAUL-BALTHAZAR).
GODET (JEAN-JULES-EUGÈNE).
ALASSEUR (AMÉDÉE).
JEANSELME (CHARLES-JOSEPH-HENRI).
DELALONDE (ÉMILE-LÉON).
DUFRÈNE (ARMAND-ALPHONSE).
GIRAUX (HENRI-JOSEPH-ÉTIENNE-MATHURIN).
MANDARD (VICTOR-ÉMILE).
PICOU (GUSTAVE-OLIVIER).
HATTON (EUGÈNE).
MASSON (GEORGES-ERNEST-AUGUSTE).
FOUINAT ✻ (CHARLES).
GUYOT-SIONNEST (ÉTIENNE-ERNEST).
VAURY (CHARLES-ADOLPHE).
COIRRE (GASTON-PROSPER-DÉSIRÉ).

JUGES SUPPLÉANTS

MM. LOISEAU (Pierre-Paul).
DURUY ✪ (Victor-Charles-Édouard).
MICHEL (Bernard-Louis).
DEZAUX (Prosper-Frédéric).
SOHIER ✻ (Georges-Edmond).
BUTTNER (Frédéric-Edmond).
DUPONT (Albert-Charles-Léon).
DESMONS (Guillaume-Alban-Hubert).
GATECLOUT (Henri-Léon).
HUGUET (Alphonse-Charles-Albert).
D'ANTHONAY (Léon).
DELARUE (Auguste-Gabriel).
MAUREL (Alexandre-Laurent-Fernand).
AUBRUN (Pierre).
LAURENT (Georges-Hippolyte).
THOMAS (Georges-Marie).
DUPONT (Alphonse-Louis-Amand).
BOURGAUX (Louis-Cyrille).
ECALLE ✪ (Auguste).
GAUDERMEN (Camille-Amédée).

GREFFIER EN CHEF

M. GLANDAZ (Albert-Sigismond).

SECRÉTAIRE DE LA PRÉSIDENCE

M. ROY ✻ (Charles).

BIBLIOTHÈQUE NATIONALE R.F. IMPRIMÉS

www.ingramcontent.com/pod-product-compliance
Lightning Source LLC
LaVergne TN
LVHW021701080426
835510LV00011B/1521